AF338914

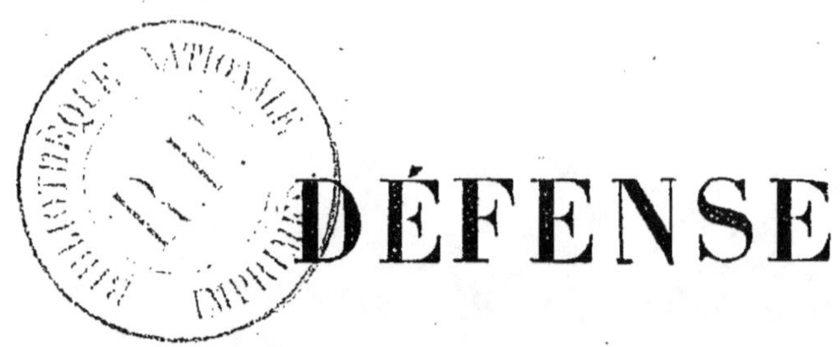

DÉFENSE

DE

M. LOUIS GUÉRIN

PRÉSENTÉE PAR LUI-MÊME

DEVANT LE TRIBUNAL CORRECTIONNEL D'AVIGNON,

Dans la séance du 24 Janvier 1877.

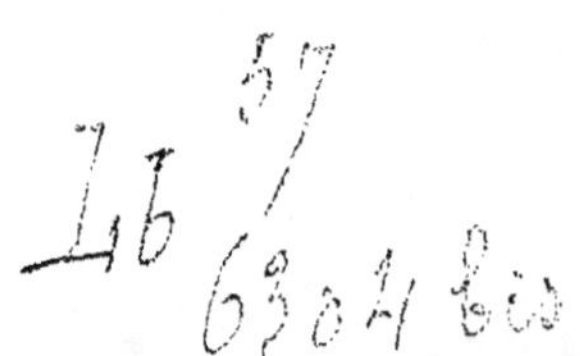

Je dédie cette plaidoirie à mes amis légitimistes d'Avignon.

Les radicaux de notre cité ont, eux aussi, voulu avoir leurs quatre mousquetaires rouges. Ne croyez pas, mes amis, que ces quatre mousquetaires soient quatre huissiers ; non, ce sont quatre avoués siégeant près le tribunal civil de notre arrondissement.

A cause de leurs EXPLOITS *passés et présents, ces quatre citoyens se croient à la veille de* SAISIR *les fauteuils municipaux de notre mairie.*

Le JUGEMENT *que j'ai porté sur eux sera ratifié par votre* ARRÈT; *c'est la seule satisfaction que je désire.*

L. GUÉRIN.

Avignon, le 25 Janvier 1877.

TRIBUNAL CORRECTIONNEL D'AVIGNON

PRÉSIDENCE DE **M. JACQUES.**

Audience du 24 Janvier 1876.

En la cause du Ministère public, contre le sieur L. Guérin, employé à la mairie d'Avignon, prévenu de voies de fait envers M. Deschamps, rédacteur en chef du journal LE RÉPUBLICAIN DE VAUCLUSE.

M. Perrot, substitut du Procureur de la République, occupe le siége du Ministère public.

A la suite de la déposition de M. Deschamps, on entend les témoignages de M. le comte de Lavallière, officier de la Légion d'honneur, et de M. le docteur Isnard. Après ces diverses dépositions, M. Perrot, dans un réquisitoire éloquent, requiert l'application de la peine.

M. Guérin se lève ensuite et demande à présenter lui-même sa défense.

Le Président lui accorde la parole :

DÉPOSITION

Vous connaissez, Messieurs, l'illustre auteur qui a dit dans une de ses productions : « Calomniez, calomniez, il en restera toujours des traces. » Eh bien ! j'ai la prétention de vous prouver jusqu'à l'évidence la plus complète que je suis victime des calomnies et des diffamations, qui n'ont cessé de m'être prodiguées depuis quatre ans, non-seulement par des folliculaires sans aucunes convictions, mais encore par d'anciens collègues.

Je vais être forcé de vous parler politique, je le ferai avec la mesure et la prudence que comporte aujourd'hui notre situation. J'ai trop de respect pour la magistrature pour m'écarter des convenances.

Avant de pénétrer et d'entrer dans les détails que comporte ma défense, permettez-moi de vous entretenir en peu de mots de mon humble personnalité. La plupart de ceux qui siégent ne me connaissent que par le récit que vous fera M. le Procureur de la République de mon casier judiciaire.

J'ai déjà parcouru la plus grande partie de ma carrière, j'ai combattu des adversaires, qui ne sont pas près de désarmer, qui ont toujours attaqué et qui attaquent toujours ce que nous devons avoir de plus cher, qui ne craignent pas de devenir les courtisans de tous ceux qui font appel aux mauvaises passions, de ceux qui ne croient pas à l'immortalité de l'âme et à un monde meilleur.

Engagé volontaire, ou plutôt devançant l'appel de la classe de 1837, j'ai servi pendant sept ans mon pays; je me suis retiré du service avec le grade de sergent-major, le 31 décembre 1844. De retour dans mes foyers, j'entrai, quelques mois après, à la préfecture de Vaucluse, avec les appointements de 1200 francs. Survint bientôt la République de 1848. Deux jours après, le nouveau Préfet me congédiait, sans autre motif invoqué que mes opinions politiques. J'étais légitimiste, c'était là mon seul crime. Je le suis encore, et, avec la grâce de Dieu, j'espère mourir dans les mêmes sentiments que je n'ai cessé jusqu'à ce jour de professer. Elu, à la suite de mon renvoi de la préfecture, capitaine d'une compagnie de la garde nationale, je fus un soir insulté par un républicain, et si je ne fus pas frappé, c'est grâce à un pistolet qui contint mon agresseur, qui fut du reste condamné à la prison, tandis que le tribunal m'infligeait une amende de 50 francs. Ce fut là ma première condamnation. Quelques mois avant la chute de la République, je fis paraître un journal, et si mes souvenirs sont exats, il ne parut que pendant quelques mois. Je subis deux condamnations, dont je ne me rappelle plus les motifs. Le 2 décembre, à midi, je fis paraître une protestation. Les termes en étaient mesurés, je m'appuyais sur un article de cette Constitution qui venait d'être déchirée. Je fus incarcéré le soir même. L'insurrection des Basses-Alpes éclate quelques jours après. Le nouveau Préfet, l'honorable M. Imbert du Mazère, ordonna mon élargissement; je repris le commandement de ma compagnie, je fis mon devoir, je contribuai à l'arrestation de nombreux partisans de ceux qui prétendent que l'insurrection est le plus saint des devoirs. On me laisse tranquille pendant un mois, et le lendemain de la nomination de M. Poncet comme maire de notre ville, on me signifie d'avoir à quitter mon pays et ma famille dans les deux heures de la signification, qui me fut faite par un commissaire de police. Il fallut obéir, et ce ne fut qu'au bout de deux ans que je pus revenir dans mes foyers. Messieurs, je vais abréger; mais je ne puis m'empêcher de vous dire l'étonnement que j'ai eu lorsque mes adversaires, parlant sans cesse de mes condamnations, n'ont jamais voulu faire aucune allusion à l'épisode que je viens de vous signaler. Je fus ensuite employé à l'hôpital militaire que l'on créa à l'époque de la guerre de Crimée. Lorsque cet établissement fut fermé, j'entrai au chemin de fer. A l'époque de la guerre d'Italie, je fus dénoncé par un misérable au ministre de la police : je devais assassiner l'Empereur. Grâce à l'exagération de cette ignoble accusation, je ne fus pas privé de ma liberté. L'honorable magistrat qui siégeait à cette époque me dit : « Je sais bien, Monsieur Guérin, qu'un royaliste est incapable d'avoir une aussi abominable idée. M. le Procureur impérial disait vrai : non, jamais un catholique ou un légitimiste ne prendra les armes que le jour où l'on voudra nous conduire tous, vous et nous, à la guillotine ou nous adosser à un mur. »

Le lendemain du 4 septembre 1870, alors qu'il y avait quelque courage à le faire, je fis reparaître mon journal. J'ai la ferme conviction d'avoir rendu quelques services dans les limites étroites dans lesquelles nous nous trouvons placés. Je fus menacé, je fus même un jour sur le point d'être assassiné, à onze heures du soir, chez moi, par une troupe de garibaldiens, conduite par deux messieurs, qui fréquentaient le café Tailleux. Je puis dire que l'honorable M. Auzias, conservateur des hypothèques, m'a sauvé la vie dans cette circonstance.

Voilà, Messieurs, l'homme que vous avez à juger.

Je me suis chargé de vous prouver que j'ai été diffamé, injurié ; j'espère et je suis convaincu que je vais réussir.

L'honorable M. du Demaine, dont je m'honore d'être un ami dévoué, a cru devoir, à son entrée à la mairie, récompenser mon passé. Il n'a pas créé pour moi une sinécure, comme l'a dit dans sa déposition un ancien collègue au conseil municipal de notre ville. J'avais et je touchais par mois 118 fr. 65 c. Vous n'ignorez pas, Messieurs, que la nouvelle Constitution appelle assez souvent les électeurs aux urnes. Pour ne parler que de cette année-ci, nous aurons trois élections à faire ; et l'on reproche à notre maire d'avoir créé pour moi une sinécure ! L'année 1870 n'est pas si éloignée de nous pour oublier que messieurs les républicains, aimables ou non, aimaient assez à se procurer des positions lucratives qui les dispensaient, en outre, d'aller au-devant des Prussiens. Nous en connaissons tous beaucoup, et notre ville en possède un assez joli échantillon.

Ils sont nombreux ceux qui ont écrit et témoigné que nos listes électorales étaient mal confectionnées ; ils ont tous défilé devant la commission d'enquête. Leurs journaux ne m'ont pas épargné, et celui qui n'a pas cru devoir relever le gant qu'il a reçu sur la figure, a terminé, le jour où j'étais forcé de donner ma démission, par écrire que j'étais un homme qui n'offrait aucune garantie aux électeurs. Je vais toutes vous les lire ces dépositions, et vous verrez que je n'ai pas tort de me plaindre de ces inqualifiables procédés.

Ces listes, je ne crains pas de le dire bien haut, elles sont établies avec la loyauté et la sincérité la plus complète. Vous les avez eues entre les mains. Aujourd'hui encore, vous avez l'occasion de vous livrer à une enquête. Un des vôtres, qui partage aujourd'hui vos opinions politiques, peut se livrer à toutes les recherches qu'il voudra, puisqu'il a été nommé par celui à qui vous avez forcé la main pour demander ma révocation. Je vous mets tous au défi de me prouver le contraire, et moi, je me charge de vous prouver que tous les tableaux que vous avez donnés aux enquêteurs sont, en grande partie, inexacts et mensongers.

J'aurais fourni cette preuve aux enquêteurs, si ces citoyens avaient voulu m'entendre. Non, Messieurs, celui que MM. Achard, Gent et trois ou quatre avoués ont accusé, n'a pas été entendu malgré sa demande formulée par une lettre adressée au président de cet étrange tribunal qui refuse d'entendre la défense de celui qui a été et est encore attaqué dans son honneur.

Avant d'analyser toutes les dépositions de mes adversaires, permettez que je vous lise un relevé que j'ai fait des électeurs inscrits de la commune d'Avignon, depuis dix ans :

En 1868 le total des électeurs inscrits était de	9,445
1869	9,847
1870	9,840
1871	9,780
1872	9,823
1873	10,078
1874	9,712
1875	10,290
1876	9,962

Vous serez sans doute surpris, Messieurs, de la différence de 366 voix qui existe entre la liste de 1873 et celle de 1874 ; mais nous sommes sûrs que M. Poncet, vérificateur actuel des listes électorales, ne trouvera pas dans la liste de 1876 les nombreuses erreurs que nous avons dû rectifier sur la dernière liste de son administration, et qui se sont élevées au chiffre de 1300.

Vous voyez donc, Messieurs, que le dernier chiffre des listes qui ont servi à l'élection du 21 février dernier, diffère d'une manière peu sensible du chiffre de 1868.

Or donc, à moins qu'on ne me prouve que j'ai retranché des électeurs républicains des listes, pour y substituer des noms imaginaires, vous penserez, comme moi, que je suis un homme qui doit offrir des garanties à ses concitoyens.

Messieurs, vous savez quelle doit être la conduite d'un employé. D'abord celle d'obéir, ensuite d'être poli. J'espère que vous ne suspecterez pas le témoignage de celui qui était plus spécialement chargé de la vérification de mon bureau. Pendant de très-longs et nombreux jours, l'honorable M. Milhaudon n'a pas craint de vérifier lui-même les longues listes de nos établissements publics. Très-souvent il se faisait apporter du bureau de l'Etat civil le règistre des décès, et vérifiait si je n'avais pas oublié d'en faire l'annotation sur nos listes. Et on nous accuse, depuis quatre ans, d'être des faussaires !

Messieurs, j'arrive à la première déposition : c'est celle de M. Gent. Elle est fort longue, mais tranquillisez-vous, je n'en lirai que quelques lignes. Notre courageux député a si éloquemment discuté et si péremptoirement pulvérisé tous les témoignages de nos adversaires, que je dois me borner à discuter les faits qui concernent celui qui est obligé de comparaître à votre barre. Voici l'extrait de la déposition de M. Gent:

La nouvelle municipalité se mit à l'œuvre ; et, comme je vous l'ai dit, toute son attention se porta sur le préliminaire essentiel de toute élection, sur la confection des listes électorales qui devaient servir aux élections départementales et municipales de 1874. Il vous sera dit, et il vous sera prouvé de quelle façon ces listes électorales furent fabriquées.

Le bureau était dirigé par un homme violent, passionné, dont l'emportement était connu de tous et de la justice aussi ; il avait, et il a, je crois, encore, en sous-ordre un homme condamné pour escroquerie. Tout ce qui a été fait dans ce bureau est véritablement incroyable. La porte en était toujours fermée pour les électeurs républicains. Ils avaient beau y venir dès le matin et y rester à demeure ; toujours ils étaient primés par un complaisant qui avait son entrée particulière, y passait même la nuit, et n'en bougeait plus une fois qu'il était dedans ; tant et si bien que, malgré toutes les demandes faites soit au Maire, soit au Ministre, malgré les promesses, les ordres même de celui-ci, il fallut, au dernier jour des inscriptions, faire notifier des listes qui comprenaient 1,800 réclamations.

Voilà de quelle façon ont été confectionnées ces listes auxquelles M. du Demaine attachait un si grand intérêt, et qui sont son œuvre personnelle ; car c'est lui qui a organisé le bureau des inscriptions et a persisté, malgré tout, à le vouloir unique et tel qu'il était composé.

M. Gent dit : « Ce bureau était dirigé par un homme violent, passionné dont l'emportement était connu de tous, et de la justice aussi ; etc. »

CE VERTUEUX CITOYEN a la mémoire un peu courte, car en 1869 il m'envoya de Paris son portrait accompagné de cette phrase : MILLE REMERCIMENTS AU COURAGEUX COMPATRIOTE, MON AMI, M. L. GUÉRIN, EN SOUVENIR DE LA LUTTE ÉLECTORALE QUE NOUS VENONS DE TRAVERSER. Messieurs, CE VERTUEUX CITOYEN savait fort bien que j'avais subi diverses condamnations, notamment pour voie de fait envers un journaliste. Et cependant la GAZETTE DES TRIBUNAUX n'a jamais parlé de moi comme elle l'a fait en 1836 de CE VERTUEUX RÉPUBLICAIN, aujourd'hui député, à propos d'une affaire de famille.

Il y a eu, en effet, en 1874, pendant la période électorale, un encombrement considérable, au point que je fus obligé de demander que deux agents de police fussent placés à la porte du bureau. C'était la première fois que j'établissai ces listes, avec le concours de M. Milhaudon. Les électeurs arrivaient avec des listes contenant quelquefois plus de deux cents noms à vérifier. Il fallait faire des recherches, il fallait à chaque minute ouvrir et feuilleter quatre registres. Ces citoyens avaient sur le cœur la révocation de l'administration précédente. Je ne crois pas que messieurs les républicains aient seuls le droit de venir vérifier leurs inscriptions : ainsi ne l'ont pas pensé leurs adversaires. De là cet encombrement signalé, qui ne s'est plus renouvelé les années suivantes.

« Voilà, s'écrie CE VERTUEUX DÉPUTÉ, de quelle façon ont été confectionnées ces listes, etc. »

Eh bien ! ces listes, vous les avez possédées, et certes, si elles avaient été faussées, vous n'auriez pas manqué de déposer une plainte contre nous.

Vient ensuite M. Guibert, avoué, juge suppléant, qui dépose et dit :

Sous l'administration de M. Poncet, il n'existait pas à la mairie de bureau qui s'occupât spécialement des élections. Au moment de la confection annuelle des listes, c'étaient les employés du cadastre et de l'état civil qui y procédaient, du moins à ce que je crois, en faisant d'ailleurs appel aux autres employés de la mairie quand le travail devenait trop pressant.

L'un des premiers actes de l'administration de M. du Demaine, fut de créer un bureau spécial pour les élections et d'appeler à la tête de ce bureau M. Guérin, ancien rédacteur en chef du journal l'ETOILE DE VAUCLUSE. M. Guérin paraissait l'homme le moins propre à exercer des fonctions de cette nature, qui demandent l'impartialité la plus complète. M. Guérin est un homme de parti, appartenant au parti légitimiste le plus extrême ; c'est un homme violent, ainsi que l'attestent les diverses condamnations qu'il a subies.

M. Guérin avait auprès de lui, pour l'aider dans cette tâche, M. Isnard. Quelle est la situation de M. Isnard à la mairie d'Avignon ? Est-ce un employé permanent ou un employé auxiliaire ? Ce que je puis affirmer, c'est qu'à l'époque où le bureau électoral a réellement une utilité, au moment de la confection des listes et de la vérification de ces listes par les électeurs, M. Isnard fait partie du personnel du bureau électoral. Il est notoire que M. Isnard a été condamné, pour des faits d'escroquerie, à la peine de l'emprisonnement par le tribunal de police correctionnelle.

Soit ; il est vrai que, sous l'administration de M. Poncet, il n'existait pas à la mairie de bureau qui s'occupât spécialement des élections.

Mais M. Guibert aurait dû ajouter que, sous l'administration qui a précédé celle de M. Poncet, ce bureau existait. M. Trégaud en était le chef. Donc, M. du Demaine n'a fait que le rétablir.

M. Guérin est un homme de parti ! s'écrie-t-il ; mais tous ceux qui ont déposé contre lui sont-ils des modérés, et lui-même, M. Guibert, n'est-il pas un homme de parti ?

J'aurais beau jeu, certes, de récriminer contre M. Guibert, mais il appartient à la magistrature, ce qui a été cause qu'il n'est pas allé à la rencontre des Prussiens. M. Guibert devrait être plus modeste; bien des personnes seront de mon avis.

M. Terrasse, lui, convient qu'après l'élection municipale on a bien consenti à lui laisser copier la liste municipale, mais la liste politique, jamais.

M. Terrasse n'a pas dit la vérité. Je peux le lui prouver.

M. Borel est venu un jour dans mon bureau me demander à copier les listes électorales. « Lesquelles désirez-vous ? » lui répondis-je. M. Borel, qui ne me parut pas très-fort sur le droit électoral, me répondit : « Je vais prendre le premier volume qui se trouve sur votre table. » C'était la liste municipale. Je ne suis pas forcé d'apprendre la loi à ceux qui viennent se présenter, alors qu'ils ne demandent aucun renseignement.

Je n'ai plus vu revenir M. Borel au bureau ; il avait encore de longs mois devant lui, s'il avait voulu copier la liste politique.

M. Armand se plaint qu'on ait envoyé à son père une carte portant les prénoms Marie-Alexandre, tandis qu'il s'appelle Henri-Alexandre. « Malgré cela, mon père put voter », dit-il. Allons ! tant mieux !

Vient ensuite M. Achard.

Celui-ci a tout vu, tout entendu, il s'est trouvé partout à la fois.

Vous connaissez (je suis payé pour connaître) la réponse que j'adressai à M. Achard; je me contente d'en lire une partie :

Monsieur Félix Achard, Ex-Archiviste du Département.

On me communique, aujourd'hui, l'extrait des dénonciations signées par vous dans le rapport déposé au bureau chargé d'examiner l'élection de notre arrondissement.

En ce qui me concerne, vous articulez quatre faits. Je les reproduis.

Vous affirmez d'abord qu'il a été impossible à vos amis de prendre communication et copie des listes électorales ;

2º Que vous n'avez pu, vous et vos amis, prendre connaissance des listes d'émargement déposées, conformément aux prescriptions de la loi, pendant huit jours, dans le bureau dont je suis le chef ;

3º Que j'avais sous mes ordres un employé qui avait une condamnation entraînant une incapacité électorale.

Enfin, vous adressez le reproche au chef de notre administration municipale d'avoir placé un homme connu par son exaltation pour ses idées politiques, par sa violence, et ayant subi douze condamnations.

Je vais donc répondre à ces quatre griefs.

Il est inexact qu'il ait été impossible à vous et à vos amis de prendre communication et copie desdites listes. Vous, personnellement, vous ne vous êtes jamais présenté dans mon bureau, et vos amis ont si peu trouvé un empêchement de ma part, qu'ils possèdent entre leurs mains une copie de ces listes, copie qui a été faite dans mon bureau.

Quant au second grief, il n'est pas plus exact. Si vous et vos amis aviez voulu venir le troisième jour dans mon bureau, vous auriez eu le temps de prendre toutes les notes que vous auriez voulu. J'affirme sur l'honneur avoir prévenu un de vos amis, le citoyen Roumeya, que s'il voulait copier les listes, elles étaient à sa disposition, personne ne s'étant présenté la veille pour les consulter.

Quant à la troisième articulation, elle est encore inexacte. M. Isnard n'est pas employé à la mairie. Comme c'est un très-habile expéditeur, j'ai prié M. le Maire de me l'adjoindre dans certaines circonstances qui se produisent et se produiront souvent sous le régime actuel.

Voici venir M. Dibon-Toulouze. Celui-là fait non-seulement du zèle, mais il s'est livré à la calomnie et à la diffamation.

Il ose témoigner qu'un jour, vers les six heures du matin, il m'a vu portant des vivres que j'ai partagés avec M. Grisoul.

Voilà une accusation directe, carrément formulée et signée. Je n'aurais pas le droit de dire que M. Dibon est un calomniateur ! Alors, comment puis-je qualifier le procédé de cette commission qui refuse de m'entendre ?

Messieurs, j'abrège, je ne veux plus vous citer que le témoignage de M. Poncet. Voici sa déposition :

M. PONCET Paul, ancien maire d'Avignon, membre du Conseil général, chevalier de la Légion d'honneur, 48 ans.

Après serment, dépose :

M. le Président. — Veuillez nous renseigner sur ce qu'était le bureau des élections sous votre administration.

M. Poncet. — J'ai quitté la mairie le 29 janvier 1874. Le bureau des listes électorales comptait deux employés parfaitement honnêtes...

Je ne le suis donc pas ?

Le lendemain de ma révocation, le personnel fut modifié. Le budget du service portait 1,200 fr. pour le personnel, 1,000 fr. pour le matériel. Ces deux employés étaient aussi employés au cadastre et à la taxe des chiens.

M. Guérin fut mis à la tête du bureau, on lui adjoignit MM. Isnard et Neveu ; ils n'étaient pas titulaires, mais payés à la journée.

Isnard était repris de justice, renvoyé de la préfecture.

Tous les trois étaient des légitimistes violents et exagérés. Le crédit fut porté à 4,000 fr. Il a été plus que doublé, je crois.

Lors de la confection des listes électorales, toutes les entraves possibles ont été mises à l'exercice de notre droit. J'ai fait queue longtemps pour pouvoir vérifier mon inscription. J'ai trouvé beaucoup de mauvais vouloir.

PAUL PONCET.

M. Poncet trouve non-seulement que je suis un légitimiste violent, il m'octroie de plus une seconde épithète. « Je suis exagéré », dit-il.

Je conviens que je n'ai pas le droit de réciprocité. M. Poncet est connu par sa modération. Je le connais de longue date. J'ai été par deux fois son collègue au conseil municipal. Messieurs, je suis bien forcé de me défendre ; je puis donc bien me permettre de lui adresser une simple question. Qui donc vous a ouvert la carrière administrative ? Qui donc vous a fait le premier conseiller municipal ? Sont-ce vos nouveaux amis, ou bien mes amis politiques ? A l'époque où se forma l'UNION LIBÉRALE, il fut convenu que le parti légitimiste et le parti républicain choisiraient chacun quinze candidats. J'ai en mains, la preuve matérielle que c'est nous qui avons ouvert à M. Poncet l'entrée de notre palais municipal. Mais, comme vous êtes un modéré, vous nous avez bien vite quittés. Vous avez été nommé maire, en vertu d'un décret de Sa Majesté Napoléon III, en 1868. L'année suivante, reconnaissant vos nombreux services, Sa Majesté vous fit chevalier de la Légion d'honneur. Vous n'attendîtes pas longtemps pour devenir républicain, et c'est sous votre administration qu'on vit clouer, dans l'intérieur de l'hôtel de ville, un marbre sur lequel était inscrit un outrage envers celui qui, un an auparavant, vous envoyait votre brevet de chevalier. En même temps, comme si vous pouviez rayer de l'histoire le nom de Napoléon III, vous faisiez couvrir de plâtre le piédestal de la statue de Crillon ; l'inscription qui y était gravée avait à vos yeux un grand tort : elle disait sous quel règne on avait élevé un monument à une de nos gloires avignonaises.

Oh ! mon Dieu, restez modéré, continuez votre œuvre, Monsieur Poncet, accolez-moi toutes les épithètes qu'il vous plaira. Moi, je continue à rester royaliste (la Constitution ne me le défend pas).

M. Meynaud, ancien adjoint, dépose :

Le bureau électoral, à la mairie, a été créé par M. du Demaine, dès son installation. Nous n'avions jamais eu un bureau spécial. C'était un employé du cadastre qui, pendant la révision des listes, s'occupait accidentellement de cette opération. Le bureau créé par M. du Demaine a augmenté beaucoup la dépense de ce service ; et l'employé qui en a aujourd'hui la direction passe la moitié de ses journées au café ; c'est pour lui une sinécure.

J'ajoute que, sous la précédente administration, dont je faisais partie, j'ai souvent présidé des bureaux électoraux, et j'avais toujours à côté de moi des assesseurs légitimistes. J'avais, en outre, le soin de fournir aux électeurs les moyens de contrôler les émargements au fur et à mesure du vote. A la clôture du vote, j'ai toujours indiqué le chiffre des émargements avant de sortir les bulletins de l'urne.

Dans certaines élections, les électeurs se méfiaient tellement peu de l'administration, qu'elle avait peine à former le bureau.

Après lecture faite, a signé avec nous.

MEYNAUD.

M. Meynaud, encore un de mes anciens collègues, lui aussi, trouve que j'ai une sinécure, et il a le soin d'ajouter, avec cette politesse qui le caractérise, que je vais trop souvent au café.

Ainsi, Messieurs, voilà un ensemble de témoignages tous identiques, tous m'accusant, m'insultant, me calomniant; et lorsque cette mesure est comble et que le dernier vient ajouter, en résumant toutes ces méchantes dépositions, que je suis un homme qui n'offre aucune garantie, vous ne me pardonneriez pas un moment de vivacité !

M. Deschamps, les témoins vous l'ont dit, n'a jamais voulu consentir à dire que j'étais un honnête homme. Messieurs, quel est celui de nous tous qui eût pu garder son sang-froid.

Messieurs, votre position vous force, pour ainsi dire, à subir la lecture de nos deux journaux écarlates. Je ne tiens pas à faire passer sous vos yeux tous les articles qu'ils m'ont consacrés, je ne garde pas ces deux feuilles. Mais ces deux journaux n'ont jamais cessé de me harceler. Ces jours-ci, le JOURNAL DU MIDI m'appelait un énergumène aux abois: Ces deux feuilles, comme tous les témoins qui ont déposé dans cette étrange enquête, ont affecté d'accoler mon nom, à celui d'un homme qui a eu le malheur d'être condamné à un mois de prison pour escroquerie.

MM. Armand, Guibert, Terrasse, Toulouze, Poncet, n'ont-ils pas tous fraternisé avec Bordone, qui a subi trois condamnations, dont une à trois mois de prison pour escroquerie ?

J'ai terminé ma défense. Je vous ai prouvé jusqu'à l'évidence, la plus complète que le travail qui m'avait été confié, a été loyalement fait. Si quelqu'un en doute, qu'il s'adresse à celui qui me traite d'exalté. Comme j'ai eu l'honneur de vous le dire, il a plein pouvoir pour vérifier vos allégations, qui sont calomnieuses, mensongères, absurdes et passionnées.

Je suis accusé par le ministère public de voies de faits. Non, je n'ai pas voulu imiter celui qui, deux jours plus tard, envoyait sa botte au derrière, en pleine place publique, à un de nos plus « illustres » représentants. J'ai agi plus aristocratiquement, je n'ai envoyé que mon gant, car j'étais bien décidé, en me faisant accompagner de MM. le comte de Lavallière et du docteur Isnard, à ne pas frapper M. Deschamps. J'aurais manqué à la parole que je leur avais donnée. Je ne suis pas, Dieu merci, habitué à manquer aux promesses que je fais.

Messieurs, vous penserez, j'espère, que M. Deschamps, ne voulant pas même reconnaître que j'étais un honnête homme, il m'a été permis d'avoir eu un moment d'impatience.

J'attends avec confiance votre décision à mon égard.

Le Tribunal a renvoyé à huitaine pour prononcer son jugement.

CARPENTRAS, IMPRIMERIE P. TOURRETTE, AVENUE D'AVIGNON.